EMPFOHLENES BUCH:

Wer bist du wirklich?
Ein Guide zu den 16 Persönlichkeitstypen
ID16™©

Jarosław Jankowski

Wieso sind wir so verschieden? Wieso nehmen wir auf unterschiedliche Art Informationen auf, entspannen anders, treffen anders Entscheidungen oder organisieren auf verschiedene Weiseunser Leben?

„Wer bist du wirklich?" erlaubt es Ihnen, sich selbst und andere Menschen besser zu verstehen. Der im Buch enthaltene Test ID16 hilft Ihnen dabei, Ihren Persönlichkeitstyp festzustellen.

Ihr Persönlichkeitstyp:

Direktor

(ENTJ)

Ihr Persönlichkeitstyp:

Direktor
(ENTJ)

Serie ID16[TM][©]

JAROSŁAW JANKOWSKI

LOGOS MEDIA

Ihr Persönlichkeitstyp: Direktor (ENTJ)

Diese Veröffentlichung hilft Ihnen, Ihr Potenzial besser zu nutzen, gesunde Beziehungen zu anderen Menschen aufzubauen und richtige Entscheidungen auf Ihrem Bildungs- und Berufsweg zu treffen. Sie sollte aber keineswegs als Ersatz für eine fachliche psychologische oder psychiatrische Beratung angesehen werden.

Der Autor sowie der Herausgeber übernehmen keine Haftung für eventuelle Schäden, die aufgrund der Nutzung dieser Publikation entstanden sind.

ID16™© ist eine vom Autor geschaffene Persönlichkeitstypologie, die nicht mit Typologien und Tests anderer Autoren oder Institutionen verglichen werden kann.

Aus Gründen der Lesbarkeit wurde im Text die männliche Form gewählt, nichtsdestoweniger beziehen sich die Angaben auf Angehörige beider Geschlechter.

Originaltitel: Twój typ osobowości: Dyrektor (ENTJ)

Übersetzung aus dem Polnischen: Wojciech Dzido, Lingua Lab, www.lingualab.pl

Redaktion: Martin Kraft, Lingua Lab, www.lingualab.pl

Technische Redaktion: Zbigniew Szalbot

Herausgeber: LOGOS MEDIA

Druckausgabe: ISBN 978-83-7981-126-7

eBook (EPUB): ISBN 978-83-7981-127-4

eBook (MOBI): ISBN 978-83-7981-128-1

Inhaltsverzeichnis

Einführung

Ihr Persönlichkeitstyp: Direktor (ENTJ) stellt ein außergewöhnliches Nachschlagewerk zum *Direktor* dar, einem der 16 Persönlichkeitstypen ID16$^{TM©}$.

Dieser Guide ist Teil der Serie ID16$^{TM©}$, die aus 16 Bänden besteht, die den einzelnen Persönlichkeitstypen gewidmet sind. Sie liefern auf eine ausführliche und verständliche Art und Weise Antworten auf folgende Fragen:

- Wie denken und fühlen Menschen, die zum jeweiligen Persönlichkeitstyp gehören? Wie treffen sie Entscheidungen? Wie lösen sie Probleme? Wovor haben sie Angst? Was stört sie?

- Mit welchen Persönlichkeitstypen kommen sie gut klar, mit welchen hingegen nicht? Was für Freunde, Lebenspartner, Eltern sind diese Menschen? Wie werden sie von anderen betrachtet?

- Was für berufliche Voraussetzungen haben sie? In was für einem Umfeld arbeiten sie am effektivsten? Welche Berufe passen am besten zu ihrem Persönlichkeitstyp?

- Was können sie gut und an welchen Fähigkeiten müssen sie noch feilen? Wie können sie ihr Potenzial ausschöpfen und Fallen aus dem Weg gehen?

- Welche bekannten Personen gehören zum jeweiligen Persönlichkeitstyp?

- Welche Gesellschaft verkörpert die meisten Charakterzüge des jeweiligen Typs?

In diesem Buch finden Sie ebenso die wichtigsten Informationen zur Persönlichkeitstypologie ID16$^{TM©}$.

Wir hoffen, dass es Ihnen dabei hilft, sich selbst und andere Menschen besser zu verstehen und kennenzulernen.

DIE HERAUSGEBER

ID16™©
im Kontext Jungscher
Persönlichkeitstypologien

ID16™© gehört zur Familie der sog. Jungschen Persönlichkeitstypologien, die auf der Theorie von Carl Gustav Jung (1875-1961) basieren – einem Schweizer Psychiater und Psychologen und einem der wichtigsten Vertreter der sog. Tiefenpsychologie.

Auf Grundlage langjähriger Forschungen und Beobachtungen kam Jung zur Schlussfolgerung, dass die Unterschiede in der Haltung und den Vorlieben von Menschen nicht zufällig sind. Er erschuf daraufhin die heute bekannte Unterscheidung in Extrovertierte und Introvertierte. Ferner unterschied Jung vier Persönlichkeitsfunktionen, die zwei gegensätzliche Paare bilden: Empfindung – Intuition und Denken – Fühlen. Jung betonte, dass in jedem dieser Paare eine der Funktionen dominierend ist. Er kam zur Einsicht, dass die dominierenden Eigenschaften eines jeden Menschen stetig und unabhängig von externen Bedingungen sind, ihre Resultante hingegen der jeweilige Persönlichkeitstypus ist.

Im Jahre 1938 erschufen zwei amerikanische Psychiater, Horace Gray und Joseph Wheelwright, den ersten Persönlichkeitstest, der auf der Theorie von Jung basierte und die Bestimmung dominierender Funktionen in den drei von ihm beschriebenen Dimensionen ermöglichte: **Extraversion-Introversion**, **Empfindung-Intuition** sowie **Denken-Fühlen.** Dieser Test wurde zur Inspiration für andere Forscher. Im Jahre 1942, ebenfalls in den USA, begannen wiederum Isabel Briggs Myers und Katharine Briggs ihren eigenen Persönlichkeitstest anzuwenden. Sie erweiterten das klassische, dreidimensionale Modell von Gray und Wheelwright um eine vierte Dimension: **Bewertung-Beobachtung**. Die meisten der späteren Typologien und Persönlichkeitstests, die auf der Theorie von Jung basierten, übernahmen daraufhin auch diese vierte Dimension. Zu ihnen gehört auch u. a. die amerikanische Studie aus dem Jahre 1978 von David W. Keirsey sowie der Persönlichkeitstest von Aušra Augustinavičiūtė aus den 1970er Jahren. In den folgenden Jahrzehnten folgten Forscher aus der ganzen Welt, womit sie weitere vierdimensionale Typologien und Tests erschufen, die an lokale Bedingungen und Bedürfnisse angepasst wurden.

Zu dieser Gruppe gehört die unabhängige Persönlichkeitstypologie ID16™©, die in Polen vom

Pädagogen und Manager Jarosław Jankowski erarbeitet wurde. Diese Typologie, die im ersten Jahrzehnt des 21. Jahrhunderts veröffentlicht wurde, basiert ebenfalls auf der klassischen Theorie von Carl Gustav Jung. Ähnlich wie auch andere moderne Jungsche Typologien reiht sie sich in die vierdimensionale Persönlichkeitsanalyse ein. Im Falle von ID16™© werden diese Dimensionen als **vier natürliche Veranlagungen** bezeichnet. Diese Veranlagungen haben einen dichotomischen Charakter, ihre Charakteristik hingegen liefert Informationen über die Persönlichkeit eines Menschen. Die Analyse der ersten Veranlagung hat die Bestimmung einer dominierenden **Lebensenergiequelle** zum Ziel (äußere oder innere Welt). Die zweite Veranlagung wiederum bestimmt die dominierende Art und Weise, wie **Informationen aufgenommen werden** (mithilfe von Sinnen oder Intuition). Die dritte Veranlagung hingegen determiniert die dominante **Entscheidungsfindung** (Verstand oder Herz). Die Analyse der letzten Veranlagung schlussendlich liefert den dominanten **Lebensstil** (organisiert oder spontan). Die Kombination aller natürlichen Veranlagungen ergibt im Endresultat einen von **16 möglichen Persönlichkeitstypen**.

Eine besondere Eigenschaft der Typologie ID16™© ist ihre praktische Dimension. Sie beschreibt die einzelnen Persönlichkeitstypen in der Praxis – auf der Arbeit, im Alltag oder in zwischenmenschlichen Kontakten und Beziehungen. Diese Typologie konzentriert sich nicht auf die innere Dynamik der Persönlichkeit und versucht nicht, eine theoretische Erklärung für innere, unsichtbare

Prozesse zu finden. Viel mehr versucht sie zu erläutern, wie die jeweilige Persönlichkeit nach außen wirkt und welchen Einfluss sie auf ihr Umfeld nimmt. Diese Fokussierung auf den sozialen Aspekt einer jeden Persönlichkeit stellt eine Gemeinsamkeit mit der o. g. Typologie von Aušra Augustinavičiūtė dar.

Jeder der 16 Persönlichkeitstypen ID16™© ist eine Resultante natürlicher Veranlagungen des Menschen. Die Zuschreibung zum jeweiligen Typus birgt aber keine Bewertung. Keiner der Typen ist besser oder schlechter als die anderen. Jeder von ihnen ist schlichtweg anders und verfügt über seine eigenen starken und schwachen Seiten. ID16™© erlaubt es, diese Unterschiede zu identifizieren und sie zu beschreiben. Er hilft einem dabei sich selbst zu verstehen und seinen Platz auf dieser Welt zu finden.

Die Tatsache, dass Menschen ihr eigenes Persönlichkeitsprofil kennen, erlaubt es ihnen, voll und ganz ihr Potenzial zu nutzen und an all jenen Gebieten zu arbeiten, die ihnen Probleme bereiten könnten. Es ist eine unschätzbare Hilfe im Alltag, bei der Suche nach Problemlösungen, beim Aufbau gesunder zwischenmenschlicher Beziehungen sowie bei der Entscheidungsfindung auf dem Bildungs- und Berufsweg.

Die Identifizierung des Persönlichkeitstypus ist kein willkürlicher oder mechanischer Prozess. Jeder Mensch ist als „Inhaber und Nutzer seiner Persönlichkeit" in vollem Maße kompetent zu entscheiden, zu welchem Typus er gehört. Somit haben Menschen eine Schlüsselrolle in diesem Prozess. Solch eine Selbstidentifizierung kann zum einen dadurch erfolgen, dass man sich die Beschreibungen aller 16 Persönlichkeitstypen durchliest und schrittweise die Auswahl einengt. Zum anderen kann man aber auch den schnelleren Weg wählen und den Persönlichkeitstest ID16™© ausfüllen. Auch in diesem Falle spielt der „Nutzer einer Persönlichkeit" die Schlüsselrolle, denn das Ergebnis des Tests hängt einzig und allein von seinen Antworten ab.

Die Identifizierung soll dabei helfen, sich selbst und andere zu verstehen, wenngleich sie keinesfalls als Orakel für die Zukunft angesehen werden sollte. Der Persönlichkeitstyp sollte zudem nie unsere Schwächen oder schlechte Beziehungen zu anderen Menschen rechtfertigen (obwohl er helfen sollte, die Gründe hierfür zu verstehen)!

Im Rahmen von ID16™© wird die Persönlichkeit nie als statisch, genetisch determinierter Zustand verstanden, sondern als Resultante angeborener und erworbener Eigenschaften. Solch eine Perspektive vernachlässigt nicht den freien Willen und kategorisiert nicht. Sie eröffnet viel mehr neue Perspektiven und regt zur Arbeit an sich selbst an, indem sie Bereiche aufzeigt, in denen dies am meisten benötigt wird.

Der Direktor (ENTJ)

PERSÖNLICHKEITSTYPOLOGIE ID16™©

Profil

Lebensmotto: *Ich sage euch, was zu tun ist!*

Unabhängig, aktiv und entschieden. Rational, logisch und kreativ. *Direktoren* betrachten analysierte Probleme in einem breiteren Kontext und sind imstande, die Konsequenzen von menschlichem Verhalten vorherzusehen. Sie zeichnen sich durch Optimismus und eine gesunde Selbstsicherheit aus. Sie können theoretische Konzepte in konkrete, praktische Pläne umwandeln.

Visionäre, Mentoren und Organisatoren. *Direktoren* verfügen über natürliche Führungsqualitäten. Ihre starke Persönlichkeit, ihr kritisches Urteilsvermögen sowie ihre Direktheit verunsichern andere Menschen häufig und führen zu Problemen bei zwischenmenschlichen Beziehungen.

Natürliche Veranlagungen des *Direktors*

- Die Quelle seiner Lebensenergie: seine äußere Welt.
- Informationsaufnahme: Intuition.
- Art und Weise wie Entscheidungen getroffen werden: Verstand.
- Lebensstil: organisiert.

Ähnliche Persönlichkeitstypen

- *Reformer*
- *Stratege*
- *Logiker*

Statistische Angaben

- *Direktoren* stellen ca. 2-5 % der Gesellschaft dar.
- Unter *Direktoren* überwiegen Männer (70 %).
- Das Land, welches dem Profil des *Direktors* entspricht, sind die Niederlande.[1]

Buchstaben-Code

Der universelle Code des *Direktors* ist in den Jungschen Persönlichkeitstypologien ENTJ.

---

[1] Dies bedeutet nicht, dass alle Einwohner der Niederlande zu dieser Gruppe gehören, wenngleich die niederländische Gesellschaft – als Ganzes – viele charakteristische Eigenschaften des *Direktors* verkörpert.

Allgemeines Charakterbild

Direktoren sind unabhängig, aktiv und energisch. Sie richten sich nach ihrer eigenen Intuition und verlassen sich auf diese. *Direktoren* haben einen scharfsinnigen Verstand und vermögen es, Wechselbeziehungen zwischen einzelnen Fakten zu erkennen und richtige Verallgemeinerungen zu formulieren. Sie analysieren Probleme unter verschiedenen Gesichtspunkten und betrachten sie aus einer breiten Perspektive.

Wahrnehmung und Gedanken

Direktoren erkennen sehr schnell sich wandelnde Bedingungen und Gegebenheiten. Sie sind dabei außerordentlich logisch und rational. Sie vermögen es, eine Situation objektiv und unparteiisch zu bewerten. Sie denken voraus, fassen verschiedene mögliche Szenarien ins Auge und sehen langfristige Konsequenzen einer Handlung vorher. Von Natur aus sind *Direktoren* Optimisten. Sie glauben an ihre Fähigkeiten und gehen davon aus, dass sie all jenes schaffen, was sie sich vorgenommen haben. Sie sind aber keineswegs Träumer und wissen um die Mühe, die bei der Realisierung von Aufgaben aufzubringen ist. *Direktoren* bereiten sich solide auf die Arbeit vor und mögen keine Improvisation.

Entscheidungen

Direktoren vermögen es, Theorien und allgemeine Konzepte in konkrete Aktionspläne umzuwandeln. Sie sind Visionäre und ihre Visionen verleihen ihnen Energie und motivieren sie zur Arbeit.

Wenn sie eine Entscheidung treffen müssen, mögen *Direktoren* es, wenn sie Zeit zum Nachdenken bekommen. Sie erwägen verschiedene Möglichkeiten und wählen diejenige aus, die ihnen am logischsten und vernünftigsten erscheint. Wenn sie einmal eine Entscheidung getroffen haben, zögern sie nicht, sie auch schnell umzusetzen.

In den Augen anderer Menschen

Von anderen werden *Direktoren* als Menschen mit einer starken Persönlichkeit angesehen – energisch, entschieden und zielstrebig. Sie werden allgemein für ihre Zuverlässigkeit und ihren Fleiß geachtet. Oftmals haben sie aber auch den Ruf von Menschen, denen man sich nur schwer nähern und die man schwer kennenlernen kann. Viele sind von ihrer Direktheit eingeschüchtert oder dieser gar abgeneigt. Manchmal beschweren sich Familienangehörige und Mitarbeiter von *Direktoren*, dass es ihnen schwerfällt, „sie vollends zufrieden zu stimmen".

Innerer Kompass

Direktoren sind sehr unabhängig. Sie richten sich nicht nach dominierenden Ansichten oder allgemein geltenden Trends. Vielmehr sind es ihre eigenen Überlegungen und Schlüsse, die wichtiger sind als die Meinung anderer Menschen. Es ist für sie von keinem Belangen, ob ihre Ansichten von anderen geteilt werden. *Direktoren* halten stark an ihren eigenen Regeln und Ansichten fest und stellen sie als etwas Offensichtliches dar.

Für gewöhnlich gehen sie von vornerein davon aus, dass sie recht haben (oftmals ist es auch so). *Direktoren* sind aber ebenso imstande, ihre Ansichten zu verifizieren, wenn sie neue Informationen erhalten oder die Gegebenheiten sich ändern. Sie mögen Herausforderungen, langweilen sich dagegen bei wiederholbaren Routinetätigkeiten. Von Natur aus sind *Direktoren* eingehend und versuchen alle Ideen, die ihnen gefallen, tiefgründig zu erforschen und zu verstehen. Sie denken auch über die Möglichkeit nach, diese Ideen in die Praxis umzusetzen. Für gewöhnlich haben sie bereits in der Jugend ein breites Interessensspektrum, welches sie mitsamt ihrem Wissen im Verlaufe der Jahre erweitern und systematisieren, womit sie eine Art innerer Weltkarte erschaffen, die es ihnen erlaubt, die Realität mitsamt ihren Phänomen zu verstehen.

Organisation

Direktoren haben enormen Wissenshunger. Sie selbst stellen sich zahlreiche Fragen und suchen Antworten auf diese. Es fällt ihnen einfach, Ursachen und deren Wirkungen sowie allgemeine Regeln, die die Welt sowie menschliches Verhalten bestimmen, zu erkennen. Sie lassen sich durch rationale Argumente überzeugen. In ihren Konzeptionen dulden sie keine logischen Inkohärenzen, in Systemen keine inneren Widersprüche, in Organisationen keine Überlappung von Kompetenzen und Ineffizienz. *Direktoren* haben eine außerordentliche Vorliebe für Ordnung und mögen keine Verschwendung oder Chaos.

Direktoren sind von Natur aus Perfektionisten und können alle Dinge bis zur Unendlichkeit verbessern. Sie nutzen ihre Zeit sehr effektiv aus und vermögen es, mehrere Sachen gleichzeitig zu machen (bspw. ein Buch zu lesen und zeitgleich fernzuschauen). Wenn sie sich einer Sache annehmen, versuchen sie, diese so gut wie möglich zu erledigen. *Direktoren* sind nicht imstande, bewusst Aufgaben unterhalb ihrer Möglichkeiten zu erledigen. Die Beendigung einer Angelegenheit und ein erfolgreicher Abschluss der Arbeit befriedigt sie und verleiht ihnen ein Gefühl der Freiheit (da nun die nächsten Aufgaben in Angriff genommen werden können).

Gegenüber anderen Menschen

Direktoren sind überaus unabhängig, durchsetzungsfähig und widerstandsfähig gegen Manipulationen sowie Druck und Kritik seitens anderer Menschen. Sie sind fähig, „Nein" zu sagen und erlauben es nicht, sich ausnutzen zu lassen. Wenn sie von etwas überzeugt sind, dann ist für *Direktoren* die Meinung anderer Menschen belanglos (inklusive herausragender Persönlichkeiten und allgemein geschätzter Autoritäten).

Direktoren zeigen oftmals kein Verständnis für Meinungen, die im Gegensatz zu ihrer eigenen stehen. Sie erkennen recht mühsam die Gefühle anderer Menschen und sind sich infolgedessen auch nicht bewusst, dass sie oftmals andere mit ihren kritischen Anmerkungen und kräftigen Äußerungen verletzen.

Freizeit

Direktoren sind Titanen der Arbeit und vermögen es für gewöhnlich nicht, zu entspannen. Sie sind von Natur aus unfähig, sich passiv zu erholen. Auch wenn sie mal nicht physisch aktiv sind, arbeitet ihr Verstand weiterhin sehr intensiv. Sie analysieren ununterbrochen neue Möglichkeiten und Ideen und denken über die Art und Weise ihrer Realisierung nach. Sie mögen es, neue Sachen zu lernen und ihren Horizont zu erweitern. In ihrer Freizeit vertiefen *Direktoren* somit gerne ihr Wissen und sammeln neue Informationen.

In Stresssituationen

Bei langfristigem Stress verlieren *Direktoren* manchmal ihr Selbstwertgefühl und fangen an, ihren eigenen Erfolgen mit Kritik zu begegnen. Sie fühlen sich in solchen Situationen von der Unmenge an Pflichten erdrückt und hegen die Angst, dass sie die Kontrolle über die Situation verlieren könnten. Um Druck abzulassen, können *Direktoren* zu Genussmitteln greifen.

Sozialer Aspekt der Persönlichkeit

Direktoren zeigen nur selten ihre Emotionen und sind eher sparsam mit Lob. Sie können kühl, verschlossen und unzugänglich wirken. Tatsächlich aber sind sie fähig, sich vor anderen, denen sie vertrauen, zu öffnen. Sie neigen auch dazu, sentimental und emotional zu sein, wenngleich sie sich dies nicht anmerken lassen. Den Menschen in ihrem

Umfeld fällt es schwer, ihre sentimentale Ader zu erkennen (oder gar an sie zu glauben!).

Direktoren schätzen am meisten die Gesellschaft intelligenter und kompetenter Menschen, von denen sie lernen können. Sie respektieren all jene, die ihre Meinung behaupten können, diskutieren können und ihre eigenen Ansichten hart umkämpfen. Oftmals ignorieren sie dagegen Menschen, die solche Herausforderungen nicht annehmen. *Direktoren* verstehen nämlich nicht, dass nicht jeder Mensch eine Vorliebe für Streitigkeiten und Konfrontationen hat. Fälschlicherweise gehen sie davon aus, dass das Unvermögen einer offenen Äußerung der eigenen Ansichten sowie die Abneigung gegen den Kampf um seine eigene Meinung gleichbedeutend mit einer fehlenden eigenen Meinung sind.

Von anderen Menschen verlangen *Direktoren* rationales und vernünftiges Verhalten. Sie verstehen Menschen nicht, die sich nicht nach Logik richten. Ferner mögen sie es auch nicht, sich zu wiederholen und Menschen von ihrer Meinung zu überzeugen, wenn diese sie von Anfang an ablehnen, ohne den Versuch, sie überhaupt zu verstehen. Sie schätzen die Freiheit, weswegen sie manchmal auch Beziehungen, die ihre Unabhängigkeit einschränken würden, aus dem Weg gehen. Sie selbst gewähren ebenfalls anderen Freiheiten und neigen nicht dazu, dominant zu sein.

Unter Freunden

Entgegen der Vermutungen vieler Personen bedeuten *Direktoren* gute Beziehungen zu anderen Menschen sehr viel. Sie gehen jedoch davon aus, dass Beziehungen bestimmten Zielen dienen sollten (bspw. der Lösung von Problemen, der Erledigung von Aufgaben, der Unterstützung anderer Menschen bei der Förderung ihres Potenzials).

Wenn *Direktoren* inmitten von Menschen sind, schöpfen sie Energie. Am liebsten freunden sie sich mit all jenen an, die ihre Ansichten teilen oder ihre Horizonte erweitern, indem sie ihnen neue Informationen und Erfahrungen vermitteln. Von anderen Menschen werden *Direktoren* auch als interessante Gesprächspartner angesehen. Begegnungen mit ihnen inspirieren und motivieren oft Menschen zum Handeln. Andere wiederum fühlen sich von ihnen eingeschüchtert oder schrecken vor ihnen ab, da sie sich nicht an ihr übersteigertes Selbstbewusstsein, ihr kritisches Urteilsvermögen sowie ihre Standhaftigkeit bei ihren Ansichten (oftmals als Anzeichen von Arroganz verstanden) gewöhnen können. Für gewöhnlich sprechen *Direktoren* nämlich offen aus, was sie denken und achten dabei nicht auf andere Menschen oder Umstände. Wenn sie anderen eine Frage stellen, sind sie auch sehr direkt, was etliche ihrer Gesprächspartner in Verlegenheit bringt.

Einige Menschen, von den standhaften Äußerungen der *Direktoren* erdrückt, sind nicht in der Lage, in deren Gegenwart ihre eigenen Ansichten oder Überlegungen mitzuteilen. *Direktoren* hingegen fühlen sich wohl in der Gesellschaft anderer starker Persönlichkeiten, auch wenn sie ihre Ansichten nicht teilen. Sie schätzen Menschen, die ihre Meinung klar äußern und keine Angst vor Konfrontationen haben. Am häufigsten freunden sich *Direktoren* mit *Reformern*, *Strategen*, *Verwaltern* und anderen *Direktoren* an. Weitaus schwerer fällt es ihnen, mit *Künstlern*, *Moderatoren* und *Betreuern* einen gemeinsamen Nenner zu finden.

In der Ehe

Als Ehepartner nehmen *Direktoren* ihre Verpflichtungen sehr ernst. In einer Beziehung übernehmen sie für gewöhnlich die Rolle der Anführer und Beschützer der Familie. Ihre Hingabe zeigen sie nicht so sehr durch fürsorgliche Gesten oder herzliche Worte, sondern durch konkrete Handlungen – sie sind Menschen der Tat.

Von Natur aus sind *Direktoren* nicht besonders empfänglich für die Gefühle ihrer Partner und vermögen es nicht, ihre Bedürfnisse zu erkennen. Sie sind zwar imstande, wirklich zu lieben, dabei können sie sich aber zeitgleich nicht bewusst sein, was ihr Partner empfindet und durchlebt. Mit ein bisschen Mühe können sie dies aber ändern. In Beziehungen mit Personen mit einer romantischen Gesinnung ist diese Mühe absolut unerlässlich! *Direktoren* selbst haben nur wenige emotionale Bedürfnisse. Sie mögen das Bewusstsein, dass sie im Leben ihrer Partner eine wichtige Rolle spielen und von ihnen geliebt werden. Für gewöhnlich erwarten sie aber keine herzlichen Worte, Komplimente oder stetige Liebesbeweise. Ein starkes Bindemittel ihrer Beziehungen ist ihre Hingabe und die Verantwortung für ihre Familie.

Charakteristisch für ihre Ehebeziehungen sind der gegenseitige Respekt sowie die gegenseitige Förderung. *Direktoren* schätzen Beziehungen, die für sie eine Stütze und Inspiration darstellen, weswegen es vorkommt, dass sie die Beziehung verlassen, wenn sie ihren Anforderungen nicht mehr entspricht. Eine andere potenzielle Gefahr für die Beziehung ist bei *Direktoren* oftmals Arbeitssucht, da sie oft berufliche Erfolge erzielen und gefragte Mitarbeiter sind. Sie sind oftmals außer Haus und wenn sie mal bei ihrer Familie sind, ist ihre Aufmerksamkeit von beruflichen Angelegenheiten gefesselt, weswegen es zu verschiedenen Spannungen kommt. Die positive Einstellung zu Konflikten, Streitigkeiten und Kritik (als Faktor der Selbstentwicklung und Weiterbildung) stellt für romantische und emotionale Partner ein großes Problem dar.

Natürliche Kandidaten als Lebenspartner sind für *Direktoren* Personen mit verwandten Persönlichkeitstypen: *Reformer*, *Strategen* oder *Logiker*. Die Erfahrung zeigt aber, dass Menschen imstande sind, Beziehungen auch mit Personen einzugehen, deren Typ offensichtlich völlig verschieden ist. Umso interessanter sind diese Beziehungen, da die Unterschiede zwischen den Partnern der Beziehung Dynamik verleihen und Einfluss auf die persönliche Entwicklung nehmen können. *Direktoren* bevorzugen diese Perspektive, die sich für sie interessanter gestaltet als eine harmonische Beziehung, in der ständig Übereinstimmung und gegenseitiges Verständnis herrscht.

Als Eltern

Auch als Eltern nehmen *Direktoren* ihre Rolle sehr ernst. Sie helfen ihren Kindern dabei, die Welt zu verstehen, lehren sie eigenständiges und unabhängiges Denken und kümmern sich sehr um ihre

Entwicklung und Bildung. Dabei stellen sie aber auch hohe Ansprüche an ihren Nachwuchs. *Direktoren* erwarten im Gegenzug Respekt, Gehorsamkeit und die Befolgung der von ihnen aufgestellten Regeln. In Extremfällen nehmen sie eine herrschsüchtige Haltung ein oder werden zu Diktatoren im eigenen Haus. Für gewöhnlich gehen sie nicht sparsam mit Kritik um, ganz im Gegenteil zum Lob. Oftmals vermögen sie es auch nicht, die emotionalen Bedürfnisse ihrer Kinder zu deuten.

Normalerweise zeigen *Direktoren* kein Verständnis für sich wiederholende Fehler und Vergehen. Manchmal sehen sie nicht, dass ihre Anforderungen die Möglichkeiten ihrer Kinder übersteigen und deren schlechtere Noten in der Schule nicht ausschließlich das Resultat von Faulheit oder Leichtsinn sind. Ihre Kinder bemühen sich für gewöhnlich, den Anforderungen ihrer Eltern gerecht zu werden und Fehler zu vermeiden, um Kritik auszuweichen. Ein kritischer Augenblick hingegen ist die Pubertät – Jugendliche hören zu diesem Zeitpunkt auf, die Regeln von *Direktoren* zu akzeptieren und für gewöhnlich lehnen sie sich gegen ihre Disziplin und Regeln auf. *Direktoren* selbst vermögen es nur schwer sich an die immer größer werdende Selbstständigkeit ihrer Kinder zu gewöhnen.

All jene Personen unter *Direktoren*, denen es gelingt, die obigen Fehler zu vermeiden, sind für ihre Kinder hervorragende Eltern und große Autoritäten. Sie tragen zu ihrer Entwicklung bei und regen sie an, die Welt zu erkunden, sich Wissen anzueignen und Herausforderungen anzunehmen. Dank

dessen wachsen ihre Kinder gewöhnlich zu verant-
wortungsbewussten, kreativen und unabhängigen
Menschen heran, die keine Angst vor Herausforderungen haben.

Arbeit und Karriere

Die berufliche Karriere stellt für *Direktoren* ein
wichtiges Element in ihrem Leben dar. In der Re-
gel sind sie ihrer Arbeit sehr ergeben und werden
oftmals befördert.

Direktoren erkennen neue Herausforderungen
und Probleme (auch potenzielle) recht schnell und
bieten ihnen auch gerne die Stirn. Sie denken glo-
bal und weit reichend. *Direktoren* sind Visionäre –
sie stellen Ziele auf, die sie daraufhin unermüdlich
verfolgen. Wenn sie nach Lösungen suchen, betrachten sie die Situation aus einer langfristigen
Perspektive – sie denken über die Situation hinaus
und vermögen es, Faktoren zu erkennen, die in der
Zukunft auftreten könnten. All dies, in Verbindung mit ihrer Zuverlässigkeit, ihrem Verantwor-
tungsbewusstsein und ihrer Bereitschaft zu schwerer Arbeit bewirkt, dass sie erwünschte Mitarbeiter
sind. Sie sind imstande, ihre ganze Energie für die
Realisierung einer Aufgabe, an die sie glauben, auf-
zuwenden. Dahingegen sind sie nicht imstande,
sich für die Arbeit an Projekten zu engagieren, die
auf sie unreal, verschwommen oder inkohärent
wirken.

Vorgesetzte

Direktoren schätzen kompetente und sachliche
Vorgesetzte, die in ihrem Leben konkrete Erfolge

aufweisen können und ihren Mitarbeitern die nötigen Freiheiten bei der Arbeit gewähren.

Im Team

Wenn sie in einem Team arbeiten, übernehmen *Direktoren* für gewöhnlich die Initiative und – häufiger als andere – auch die Verantwortung. Deswegen werden sie auch als natürliche Anführer angesehen. Sie sind imstande, anderen den Weg aufzuzeigen, sie zu motivieren und für die festgelegten Ziele vorzubereiten. *Direktoren* stecken ihre Kollegen mit Optimismus und dem Glauben an den Erfolg an. Sie vermögen es, das Beste aus ihnen zu fördern und ihnen bei der Nutzung ihres Potenzials unter die Arme zu greifen (wenngleich ihre Hilfe nicht darauf basiert, dass sie ihnen fertige Lösungen vorstellen oder aushelfen).

Direktoren sind hervorragende Mentoren und Trainer. Sie helfen anderen Menschen, langfristige Ziele zu erkennen und diese auf kurzfristige Arbeitspläne zu übertragen. Als Vorgesetzte machen sie ihren Mitarbeitern die Veränderungen in ihrem Umfeld bewusst und zeigen ihnen die Herausforderungen in der Zukunft auf. Für gewöhnlich werfen sie Menschen schnell ins kalte Wasser. Als Vorgesetzte bemühen sich *Direktoren* um die Effizienz ihres Unternehmens oder ihrer Abteilung, für die sie verantwortlich sind.

Aufgaben

Wenn *Direktoren* mit einem Projekt begonnen, die Art und Weise, wie es realisiert werden soll, bestimmt und gute Auftragnehmer gefunden haben, ziehen sie sich gerne zurück und widmen sich neuen Aufgaben. Sie kommen gut mit komplexen Problemen, vor denen andere am liebsten fliehen würden, zurecht und sind gute Strategen, die ihre Prioritäten klar festlegen.

Firma

Direktoren fühlen sich wohl in Großunternehmen und Firmen, die Karrieremöglichkeiten bieten, klare Spielregeln anwenden und ihre Mitarbeiter für bestimmte Erfolge auszeichnen. Dahingegen fühlen sie sich eher schlecht, wenn sie in Firmen arbeiten müssen, in denen die Befolgung gängiger Regeln oder detaillierter Prozeduren wichtiger ist als kreative Ideen und die Ergebnisse ihrer Arbeit.

Arbeitsstil

Direktoren sind ideale Manager in Bereichen, die nach organisierter und strategischer Planung verlangen (bspw. die Erschaffung neuer Systeme, die Einführung innovativer Lösungen, die Organisation eines Teams oder die Verwaltung eines Unternehmens während der Umstrukturierung). Sie haben die Fähigkeit, zeitgleich unterschiedliche Projekte und Unterfangen zu koordinieren.

Sehr oft gelangen sie zu den höchsten Stufen der Firmenhierarchie (sie sind oftmals Direktoren, daher auch die Bezeichnung für diesen Persönlichkeitstyp). *Direktoren* mögen es, mit Menschen zu arbeiten, auf die man sich verlassen kann, die ihre Aufgaben erfüllen und ihre Begeisterung während der Arbeit teilen. Dahingegen dulden sie keine Passivität, Stagnation oder fehlendes Engagement. *Direktoren* zeigen all jenen keine Geduld, die ihnen nicht gerecht werden, mit der Realisierung ihrer Aufgaben zaudern oder stets dieselben Fehler begehen. *Direktoren* können auf sehr direkte Weise (manchmal auch überaus deftig) die Errungenschaften ihrer Mitarbeiter beurteilen, ohne dabei zu berücksichtigen, dass sie sie verletzen oder kränken könnten. Es fällt ihnen auch leicht, sich von Mitarbeitern zu trennen, die ihren Anforderungen nicht gerecht wurden. Sie kümmern sich dabei nicht sonderlich um die Gefühle anderer Menschen, denn viel wichtiger erscheint *Direktoren* das Treffen der richtigen Entscheidung als die Sympathien ihres Umfelds. Sie stören sich an Unordnung, Vergeudung, übertriebener Bürokratie und zu komplexen Prozeduren.

Direktoren betrachten Probleme auf objektive Art und Weise, frei von sentimentalen oder emotionalen Zügen. Sie binden sich nicht an konkrete Lösungen und sind fähig, diese auch zu verwerfen, wenn sie nicht mehr funktionieren. Dabei zählt für sie nicht, wer sie eingeführt hat und für wie lange sie verwendet wurden. *Direktoren* sind imstande mit einem klaren Kopf alle unpraktischen und ineffektiven Lösungen zu eliminieren. Sie vermögen es, mit einer Bewegung von der Tradition geheiligte Arbeitsmethoden oder Gebräuche abzuschaffen. Wenn sie von ihren Ideen überzeugt sind, möchten sie diese um jeden Preis realisieren, d.h. auch unter Nichteinhaltung geltender Prozeduren und ohne Rücksicht auf personelle Kosten.

Berufe

Das Wissen über das eigene Persönlichkeitsprofil sowie die natürlichen Präferenzen stellen eine unschätzbare Hilfe bei der Wahl des optimalen Berufsweges dar. Die Erfahrung zeigt, dass *Direktoren* mit Erfolg in verschiedenen Bereichen arbeiten und aufgehen können. Doch dieser Persönlichkeitstyp prädisponiert sie auf natürliche Art und Weise zu folgenden Berufen:

- Administrator,
- Artdirector,
- Coach,
- Direktor für Entwicklung,
- Direktor für Marketing,
- Dozent,
- Finanzberater,
- Geschäftsführer,
- Informatiker,
- Investor,
- IT-Analytiker,
- Journalist,
- Jurist,
- Manager,
- Musiker,
- Planer,
- Politiker,
- Projektkoordinator,
- Psychologe,
- Reporter,
- Richter,
- Schriftsteller,

- Spezialist für HR,
- Spezialist für Kreditwesen,
- Spezialist für Marketing,
- Spezialist für Öffentlichkeitsarbeit,
- Unternehmer,
- Verwalter,
- Vorsitzender der Geschäftsleitung,
- Wissenschaftler,
- Verwaltungsbeamter.

Potenzielle starke und schwache Seiten

Ähnlich wie auch andere Persönlichkeitstypen haben *Direktoren* potenzielle starke und schwache Seiten. Dieses Potenzial kann auf verschiedenste Weise ausgeschöpft werden. Glück im Privatleben sowie Erfolg im Beruf hängen bei *Direktoren* davon ab, ob sie die Chancen, die mit ihrem Persönlichkeitstyp verknüpft sind, nutzen und ob sie den Gefahren auf ihrem Weg die Stirn bieten können. Im Folgenden eine ZUSAMMENFASSUNG dieser Chancen und Gefahren:

Potenzielle starke Seiten

Direktoren verfügen für gewöhnlich über ein gesundes Selbstwertgefühl und natürliche Führungsqualitäten. Sie vermögen es, andere mit ihrem Optimismus und dem Glauben an den Erfolg anzustecken. Sie sprießen vor Energie und Lust an der Arbeit. *Direktoren* engagieren sich voll und ganz bei der Realisierung von Aufgaben, von denen sie überzeugt sind. Eine Vision verleiht ihnen Kraft, weswegen sie auch imstande sind, hart für ihre Realisierung zu arbeiten. Sie zeichnen sich aus durch eine positive Einstellung gegenüber Aufgaben und Problemen. Dabei sind *Direktoren* sich der potenziellen Schwierigkeiten bewusst, glauben aber, dass es ihnen gelingen wird, sie zu überwinden. Sie nehmen ihre Verpflichtungen sehr ernst. Wenn sie sich einer Aufgabe annehmen, dann kann man davon ausgehen, dass sie diese auch zu Ende führen. *Direktoren* interessieren sich für neue Ideen und sind auch offen für neue Lösungen – sie vermögen sie sich anzueignen und sie für die Realisierung ihrer Ziele zu verwenden.

Direktoren sind unabhängig, aktiv und kreativ. Sie haben die Fähigkeit, Theorien und allgemeine Konzeptionen in konkrete Arbeitspläne umzuwandeln. Ihre Arbeit nehmen sie sehr ernst und erwarten dies auch von anderen Menschen. Sie konzentrieren sich auf den Kernpunkt der Sache und lassen sich nicht von weniger wichtigen Aspekten ablenken. *Direktoren* können Fakten und Daten objektiv und klar analysieren, ohne dabei in Emotionen oder Vorurteile zu verfallen. Sie vermögen es zudem, effektiv Geld und andere Ressourcen zu verwalten. *Direktoren* sind gut organisiert und sehr tüchtig, direkt und geradlinig. Deswegen müssen andere auch keine Vermutungen anstellen, welche Meinung sie zu einem jeweiligen Thema haben. *Direktoren* sagen das, was sie denken und sind gute Redner – öffentliche Auftritte und Diskussionen stellen für sie kein Hindernis dar.

Direktoren sind von Natur aus an Weiterbildung, Vertiefung von Wissen und Selbstentfaltung in verschiedenen Lebensbereichen interessiert. Dank ihrer starken, durchsetzungsfähigen Persönlichkeit kommen sie gut mit schwierigen Situationen und Konflikten zurecht. Sie sind imstande, eine Bekanntschaft zu beenden, wenn sie unkomfortabel und destruktiv wird. Sie sind offen für konstruktive Kritik und haben eine Vorliebe für Ordnung. *Direktoren* sind hervorragende Organisatoren und Koordinatoren der Arbeit anderer Menschen. Sie vermögen es auch, effektive und gut funktionierende Systeme zu erschaffen. Darüber hinaus sind *Direktoren* gute Strategen, die ihre Prioritäten richtig bestimmen.

Potenzielle schwache Seiten

Direktoren drängen auf Konfrontationen. Ihre Vorliebe für harte Polemiken und Streitigkeiten bewirkt, dass sie als schwierige und kritische Gesprächspartner gesehen werden. Ihre starke Persönlichkeit schüchtert andere Menschen oftmals ein oder erzeugt sogar Furcht vor ihnen. Wenn *Direktoren* mit anderen streiten, versuchen sie mit allen Mitteln ihr Recht zu behaupten und den Gegner zu „zerschmettern". Sie sind auch nur selten imstande, auch nur im geringsten Maße der anderen Seite Recht zu geben. Es fällt ihnen zudem schwer, die Bedürfnisse anderer Menschen zu erkennen, sofern sie sich von ihren eigenen unterscheiden. *Direktoren* sind von Natur aus unsensibel für die Gefühle und Reaktionen anderer Menschen. Sie selbst haben auch Schwierigkeiten, ihre Gefühle in Worte zu fassen und fühlen sich unbeholfen in Situationen, wenn sie die Emotionen anderer deuten müssen. Sie sind keine guten Zuhörer und haben die Tendenz, alle Meinungen, die von ihrer abweichen, zu kritisieren.

Indem sie viel von sich verlangen, setzen *Direktoren* auch die Anforderungen für andere sehr hoch an. Für viele Menschen ist diese Messlatte aber zu hoch gelegt. Wenn sie andere auf Vergeudung, Schlamperei oder andere Vergehen aufmerksam machen, sind sie manchmal sehr streng oder gar rau. Dafür sind sie sehr sparsam mit Lob, wenn eine Sache gut läuft. Sie missachten die Bedeutung positiver Stärkung durch Ermunterung, Lob oder Belohnungen. *Direktoren* übernehmen auf natürliche Weise die Initiative und teilen ungern mit anderen die Verantwortung. Oftmals treffen sie auch voreilige Entscheidungen. *Direktoren* möchten andere Menschen beherrschen, in Extremsituationen wiederum neigen sie dazu, dogmatisch und herrschsüchtig zu sein (ab und an erniedrigen sie andere Menschen). Wenn sie gestresst sind, können sie vor Wut explodieren. Eine andere Methode, wie *Direktoren* Stress abbauen, sind übermäßiges Essen und Alkoholgenuss.

Dogmatismus, eine extrem rationale Lebenseinstellung sowie das Unvermögen, die Bedürfnisse anderer Menschen zu erkennen, sind Eigenschaften, die *Direktoren* oftmals Probleme bereiten und zu einer Art sozialer Isolation führen: Sie werden auf der Arbeit geschätzt, haben aber dafür keine Freunde. Da sie diesen Zusammenhang nicht verstehen, beginnen sie, andere der Verschwörung oder böser Absichten zu verdächtigen. Die Quelle ihres Frusts sind auch Menschen, die nicht imstande sind (oder es nicht wollen), sich an ihre Ideen und Pläne anzupassen.

Persönliche Entwicklung

Die persönliche Entwicklung von *Direktoren* hängt davon ab, in welchem Grad sie ihr natürliches Potenzial nutzen und ob sie die Gefahren, die in Verbindung mit ihrem Typ stehen, zu bewältigen vermögen. Die folgenden praktischen Tipps stellen eine Art Dekalog des *Direktors* dar.

Sehen Sie ein, dass Sie auch irren können

Dinge können weitaus komplexer sein, als es Ihnen erscheint. Sie müssen nicht immer Recht haben. Beachten Sie dies, bevor Sie andere beschuldigen oder ihnen ihre Fehler vorhalten.

Kritisieren Sie weniger

Nicht jeder ist imstande, konstruktive Kritik aufzunehmen. Auf viele Personen wirkt offene Kritik destruktiv. Forschungen zufolge wirkt Lob für positive Verhaltensweisen, selbst wenn diese nur selten vorkommen, motivierender auf Menschen als die Kritik an negativem Verhalten.

Loben Sie mehr

Nutzen Sie jede Gelegenheit, um andere Menschen wertzuschätzen, ein gutes Wort für sie parat zu haben und sie für dies, was sie getan haben, zu loben. Schätzen Sie auf der Arbeit die Menschen nicht nur für ihre Leistung, sondern auch dafür, was für Menschen sie sind. Sie werden den Unterschied merken und werden überrascht sein!

Versuchen Sie nicht alles zu kontrollieren

Der Wille, über alles die Kontrolle zu übernehmen, bringt Ihnen nur Frust ein. Achten Sie auf die wichtigsten Angelegenheiten und überlassen Sie anderen alle Dinge, die weniger wichtig sind (oder lassen Sie den Dingen ihren freien Lauf).

Hören Sie auf andere

Zeigen Sie Interesse an anderen Menschen, auch wenn Sie nicht mit ihnen einverstanden oder überzeugt davon sind, dass sie nicht recht haben. Antworten Sie nicht, bevor Sie nicht zugehört haben. Die Fähigkeit, anderen zuzuhören, könnte Ihre Beziehungen zu anderen Menschen revolutionieren.

Beschuldigen Sie andere Menschen nicht für Ihre Probleme

An Problemen können nicht nur andere Menschen schuld sein, sondern auch Sie! Auch Ihnen passieren Fehler. Der Grund für ein Problem kann auch bei Ihnen liegen.

Behandeln Sie andere „menschlich"

Menschen wollen nicht als Werkzeug zur Realisierung von Zielen angesehen werden. Sie möchten, dass ihre Emotionen, Gefühle und Leidenschaften erkannt werden. Wenn Sie also mit Menschen umgehen, versuchen Sie sich in ihre Lage zu versetzen, um zu verstehen, was sie fühlen, welche Leidenschaft sie haben, was sie bekümmert oder gar verängstigt.

Beherrschen Sie Ihre Emotionen

Wenn Sie spüren, dass Sie gleich explodieren, versuchen Sie sich zu entspannen und einen Augenblick an etwas Anderes zu denken. Wutausbrüche helfen weder Ihnen noch den Menschen um Sie herum.

Seien Sie nachsichtiger

Zeigen Sie anderen Menschen mehr Geduld. Vergessen Sie nicht, dass nicht jedem Menschen die gleiche Aufgabe zugeteilt werden kann, da nicht alle gleiche Fähigkeiten in denselben Bereichen besitzen. Wenn andere Menschen mit einer Aufgabe nicht klarkommen, muss es nicht immer ein Anzeichen von bösem Willen oder Faulheit sein.

Lernen Sie, sich auszuruhen

Freizeit ist keine vergeudete Zeit. Sie sollten sich nicht schuldig fühlen, wenn Sie die Arbeit ruhen lassen und in Ihrer Freizeit sich angenehmen Dingen widmen. Dank der Freizeit kommen Sie wieder zu Kräften und arbeiten dann auch effizienter.

Bekannte Personen

Eine Liste bekannter Personen, die dem Profil des *Direktors* entsprechen:

- **Jack London**, eigtl. John Griffith Chaney (1879-1916) – US-amerikanischer Schriftsteller (u. a. *Martin Eden*), Naturalist und Romantiker;
- **Franklin Delano Roosevelt** (1882-1945) – 32. Präsident der Vereinigten Staaten;

- **Edward Teller** (1908-2003) – ungarisch-amerikanischer Physiker jüdischer Abstammung, Mitglied des Manhattan-Projekts – dem amerikanischen Atombombenprogramm;
- **Benny Goodman** (1909-1986) – US-amerikanischer Jazzmusiker, Klarinettist, der „König des Swing";
- **Richard M. Nixon** (1913-1994) – 37. Präsident der Vereinigten Staaten;
- **Margaret Thatcher** (1925-2013) – britische Politikerin, Premierministerin des Vereinigten Königreichs (1979-1990), die „Eiserne Lady";
- **Patrick Stewart** (geb. 1940) – britischer Theater- und Filmschauspieler (u. a. *Star Trek – Das nächste Jahrhundert*);
- **Harrison Ford** (geb. 1942) – US-amerikanischer Filmschauspieler (u. a. *Indiana Jones*);
- **Hillary Clinton** (geb. 1947) – US-amerikanische Politikerin, Ehefrau von Bill Clinton (42. Präsident der Vereinigten Staaten);
- **Al Gore** (geb. 1948) – 45. Vizepräsident der Vereinigten Staaten;
- **Bill Gates** (geb. 1955) – US-amerikanischer Unternehmer und Philanthrop, Mitbegründer des Unternehmens Microsoft, einer der reichsten Menschen der Welt;

- **Whoopi Goldberg** (geb. 1955) – US-amerikanische Filmschauspielerin (u. a. *Ghost – Nachricht von Sam*);
- **Steve Jobs** (1955-2011) – US-amerikanischer Unternehmer, Mitbegründer des Unternehmens Apple;
- **Quentin Tarantino**, (geb. 1963) – US-amerikanischer Regisseur (u.a. *Pulp Fiction*), Drehbuchautor und Filmproduzent.

Die 16 Persönlichkeits-typen im Überblick

Der Animateur (ESTP)

Lebensmotto: *Lasst uns etwas unternehmen!*

Energisch, aktiv und unternehmerisch. Sie mögen die Gesellschaft anderer Menschen und sind imstande, den Augenblick zu genießen. Spontan, flexibel und offen für Veränderungen.

Enthusiastische Anreger und Initiatoren, die andere zum Handeln motivieren. Logisch, rational und überaus pragmatisch. *Animateure* sind Realisten, die abstrakte Ideen und die Zukunft betreffende Erwägungen ermüdend finden. Sie konzentrieren sich viel mehr auf konkrete Lösungen von aktuellen Problemen. Sie haben manchmal Schwierigkeiten bei der Organisation und Planung,

denn sie neigen zu impulsiven Handlungen, weswegen es passieren kann, dass sie erst handeln und
dann nachdenken.

Natürliche Veranlagungen des *Anima-teurs*

- Die Quelle seiner Lebensenergie: seine äußere Welt.
- Informationsaufnahme: Sinne.
- Art und Weise wie Entscheidungen ge-troffen werden: Verstand.
- Lebensstil: spontan.

Ähnliche Persönlichkeitstypen

- *Verwalter*
- *Praktiker*
- *Inspektor*

Statistische Angaben

- *Animateure* stellen ca. 6-10 % der Gesell-schaft dar.
- Unter *Animateuren* überwiegen Männer (60 %).
- Das Land, welches dem Profil des *Anima-teurs* entspricht, ist Australien.[2]

---

[2] Dies bedeutet nicht, dass alle Einwohner von Australien
zu dieser Gruppe gehören, wenngleich die australische Gesellschaft – als Ganzes – viele charakteristische Eigenschaften des *Animateurs* verkörpert.

Buchstaben-Code

Der universelle Code des *Animateurs* ist in den Jungschen Persönlichkeitstypologien ESTP.

Mehr:

Jarosław Jankowski
Ihr Persönlichkeitstyp: Animateur (ESTP)

Der Anwalt (ESFJ)

Lebensmotto: *Wie kann ich dir helfen?*

Enthusiastisch, energisch und gut organisiert. Praktisch, verantwortungsbewusst und gewissenhaft. Darüber hinaus herzlich und überaus gesellig.

Anwälte erkennen menschliche Stimmungen, Emotionen und Bedürfnisse. Sie schätzen Harmonie und vertragen schlecht Kritik oder Konflikte. Sie sind sehr sensibel in Bezug auf Ungerechtigkeiten sowie das Leid anderer Menschen. Sie interessieren sich aufrichtig für die Probleme anderer und sind glücklich, wenn sie ihnen helfen können. Indem sie sich um die Bedürfnisse anderer kümmern, vernachlässigen sie oftmals ihre eigenen. *Anwälte* neigen dazu, anderen auszuhelfen. Sie sind anfällig für Manipulationen.

Natürliche Veranlagungen des *Anwalts*

- Die Quelle seiner Lebensenergie: seine äußere Welt.
- Informationsaufnahme: Sinne.

- Art und Weise wie Entscheidungen getroffen werden: Herz.
- Lebensstil: organisiert.

Ähnliche Persönlichkeitstypen

- *Moderator*
- *Betreuer*
- *Künstler*

Statistische Angaben

- *Anwälte* stellen ca. 10-13 % der Gesellschaft dar.
- Unter *Anwälten* überwiegen Frauen (70 %).
- Das Land, welches dem Profil des *Anwalts* entspricht, ist Kanada.

Buchstaben-Code

Der universelle Code des *Anwalts* ist in den Jungschen Persönlichkeitstypologien ESFJ.

Mehr:

Jarosław Jankowski
Ihr Persönlichkeitstyp: Anwalt (ESFJ)

Der Berater (ENFJ)

Lebensmotto: *Meine Freunde sind meine Welt.*

Optimistisch, enthusiastisch und scharfsinnig. Höflich und taktvoll. Sie verfügen über ein unglaubliches Empathievermögen, wodurch es sie glücklich stimmt, durch selbstloses Handeln anderen Menschen Gutes zu tun. *Berater* vermögen es, Einfluss auf das Leben anderer zu nehmen – sie inspirieren, entdecken in ihnen verstecktes Potenzial und verleihen ihnen Glauben an das eigene Können. *Berater* strahlen Wärme aus, weswegen sie andere Menschen anziehen. Sie helfen ihnen oftmals, persönliche Probleme zu lösen.

Doch *Berater* neigen dazu, gutgläubig zu sein und die Welt durch eine rosarote Brille zu betrachten. Da sie ständig auf andere Menschen fixiert sind, vergessen sie oftmals ihre eigenen Bedürfnisse.

Natürliche Veranlagungen des *Beraters*

- Die Quelle seiner Lebensenergie: seine äußere Welt.
- Informationsaufnahme: Intuition.
- Art und Weise wie Entscheidungen getroffen werden: Herz.
- Lebensstil: organisiert.

Ähnliche Persönlichkeitstypen

- *Enthusiast*
- *Mentor*
- *Idealist*

Statistische Angaben

- *Berater* stellen ca. 3-5 % der Gesellschaft dar.
- Unter *Beratern* überwiegen Frauen (80 %).

- Das Land, welches dem Profil des *Beraters* entspricht, ist Frankreich.

Buchstaben-Code

Der universelle Code des *Beraters* ist in den Jungschen Persönlichkeitstypologien ENFJ.

Mehr:

Jarosław Jankowski
Ihr Persönlichkeitstyp: Berater (ENFJ)

Der Betreuer (ISFJ)

Lebensmotto: *Mir liegt viel an deinem Glück.*

Herzlich, bescheiden, vertrauenswürdig und überaus loyal. An erster Stelle stehen für *Betreuer* andere Menschen. Sie erkennen ihre Bedürfnisse und möchten ihnen helfen. Sie sind praktisch, gut organisiert und verantwortungsbewusst. Ferner zeichnen sie sich durch Geduld, Fleiß und Ausdauer aus. Sie führen ihre Pläne zu Ende.

Betreuer bemerken und prägen sich Details ein. Sie schätzen Ruhe, Stabilität und freundschaftliche Beziehungen zu anderen Menschen. Darüber hinaus vermögen sie es, Brücken zwischen Menschen zu bauen. Sie vertragen nur schlecht Kritik und Konflikte. *Betreuer* verfügen über ein starkes Pflichtbewusstsein und sind stets bereit anderen zu helfen. Manchmal werden sie von anderen ausgenutzt.

Natürliche Veranlagungen des *Betreuers*

- Die Quelle seiner Lebensenergie: sein Inneres.
- Informationsaufnahme: Sinne.
- Art und Weise wie Entscheidungen getroffen werden: Herz.
- Lebensstil: organisiert.

Ähnliche Persönlichkeitstypen

- *Künstler*
- *Anwalt*
- *Moderator*

Statistische Angaben

- *Betreuer* stellen ca. 8-12 % der Gesellschaft dar.
- Unter *Betreuern* überwiegen Frauen (70 %).
- Das Land, welches dem Profil des *Betreuers* entspricht, ist Schweden.

Buchstaben-Code

Der universelle Code des *Betreuers* ist in den Jungschen Persönlichkeitstypologien ISFJ.

Mehr:

Jarosław Jankowski
Ihr Persönlichkeitstyp: Betreuer (ISFJ)

Der Direktor (ENTJ)

Lebensmotto: *Ich sage euch, was zu tun ist!*

Unabhängig, aktiv und entschieden. Rational, logisch und kreativ. *Direktoren* betrachten analysierte Probleme in einem breiteren Kontext und sind imstande, die Konsequenzen von menschlichem Verhalten vorherzusehen. Sie zeichnen sich durch Optimismus und eine gesunde Selbstsicherheit aus. Sie können theoretische Konzepte in konkrete, praktische Pläne umwandeln.

Visionäre, Mentoren und Organisatoren. *Direktoren* verfügen über natürliche Führungsqualitäten. Ihre starke Persönlichkeit, ihr kritisches Urteilsvermögen sowie ihre Direktheit verunsichern andere Menschen häufig und führen zu Problemen bei zwischenmenschlichen Beziehungen.

Natürliche Veranlagungen des *Direktors*

- Die Quelle seiner Lebensenergie: seine äußere Welt.
- Informationsaufnahme: Intuition.
- Art und Weise wie Entscheidungen getroffen werden: Verstand.
- Lebensstil: organisiert.

Ähnliche Persönlichkeitstypen

- *Reformer*
- *Stratege*
- *Logiker*

Statistische Angaben

- *Direktoren* stellen ca. 2-5 % der Gesellschaft dar.
- Unter *Direktoren* überwiegen Männer (70 %).
- Das Land, welches dem Profil des *Direktors* entspricht, sind die Niederlande.

Buchstaben-Code

Der universelle Code des *Direktors* ist in den Jungschen Persönlichkeitstypologien ENTJ.

Mehr:

Jarosław Jankowski
Ihr Persönlichkeitstyp: Direktor (ENTJ)

Der Enthusiast (ENFP)

Lebensmotto: *Wir schaffen das!*

Energisch, enthusiastisch und optimistisch. Sie sind lebensfreudig und sind mit den Gedanken in der Zukunft. Dynamisch, scharfsinnig und kreativ. *Enthusiasten* mögen Menschen und schätzen ehrliche und authentische Beziehungen. Sie sind herzlich und emotional. *Enthusiasten* können aber schlecht mit Kritik umgehen. Sie verfügen über Empathie und erkennen die Bedürfnisse, Emotionen und Motive anderer Menschen. Sie inspirieren und stecken andere mit ihrem Enthusiasmus an.

Enthusiasten mögen es, im Zentrum der Aufmerksamkeit zu sein. Sie sind flexibel und vermögen es, zu improvisieren. Sie neigen zu idealistischen Ideen. *Enthusiasten* lassen sich einfach ablenken und haben Probleme damit, viele Angelegenheiten zu Ende zu bringen.

Natürliche Veranlagungen des *Enthusiasten*

- Die Quelle seiner Lebensenergie: seine äußere Welt.
- Informationsaufnahme: Intuition.
- Art und Weise wie Entscheidungen getroffen werden: Herz.
- Lebensstil: spontan.

Ähnliche Persönlichkeitstypen

- *Berater*
- *Idealist*
- *Mentor*

Statistische Angaben

- *Enthusiasten* stellen ca. 5-8 % der Gesellschaft dar.
- Unter *Enthusiasten* überwiegen Frauen (60 %).
- Das Land, welches dem Profil des *Enthusiasten* entspricht, ist Italien.

Buchstaben-Code

Der universelle Code des *Enthusiasten* ist in den Jungschen Persönlichkeitstypologien ENFP.

Mehr:

Jarosław Jankowski
Ihr Persönlichkeitstyp: Enthusiast (ENFP)

Der Idealist (INFP)

Lebensmotto: *Man kann anders leben.*

Sensibel, loyal und kreativ. Sie möchten im Einklang mit ihren Werten leben. *Idealisten* interessieren sich für die spirituelle Wirklichkeit und gehen den Geheimnissen des Lebens nach. Sie nehmen sich die Probleme der Welt zu Herzen und stehen Bedürfnissen anderer Menschen offen gegenüber. *Idealisten* schätzen Harmonie und Ausgeglichenheit.

Sie sind romantisch und dazu fähig, ihre Liebe zu anderen zu äußern, wobei sie selbst auch Wärme und Zärtlichkeit brauchen. Sie vermögen es, Motive und Gefühle anderer Menschen hervorragend zu erkennen. *Idealisten* bauen gesunde, tiefgründige und dauerhafte Beziehungen auf. In Konfliktsituationen verlieren sie den Boden unter den Füßen. Sie können Kritik und Stress nicht vertragen.

Natürliche Veranlagungen des *Idealisten*

- Die Quelle seiner Lebensenergie: seine innere Welt.
- Informationsaufnahme: Intuition.
- Art und Weise wie Entscheidungen getroffen werden: Herz.
- Lebensstil: spontan.

Ähnliche Persönlichkeitstypen

- *Mentor*
- *Enthusiast*
- *Berater*

Statistische Angaben

- *Idealisten* stellen ca. 1-4 % der Gesellschaft dar.
- Unter *Idealisten* überwiegen Frauen (60 %).
- Das Land, welches dem Profil des *Idealisten* entspricht, ist Thailand.

Buchstaben-Code

Der universelle Code des *Idealisten* ist in den Jungschen Persönlichkeitstypologien INFP.

Mehr:

Jarosław Jankowski
Ihr Persönlichkeitstyp: Idealist (INFP)

Der Inspektor (ISTJ)

Lebensmotto: *Die Pflicht geht vor.*

Menschen, auf die man sich immer verlassen kann. Wohlerzogen, pünktlich, zuverlässig, gewissenhaft, verantwortungsbewusst – die Zuverlässigkeit in Person. Analytisch, methodisch, systematisch und logisch. *Inspektoren* werden als beherrschte, kühle und ernsthafte Menschen angesehen. Sie schätzen Ruhe, Stabilität und Ordnung. *Inspektoren* mögen keine Veränderungen, dafür aber klare und konkrete Regeln.

Sie sind arbeitsam und ausdauernd, weswegen sie Angelegenheiten zu Ende bringen können. Es sind Perfektionisten, die über alles die Kontrolle haben möchten. Sie äußern sparsam Lob und sind nicht imstande, der Wichtigkeit der Gefühle und Emotionen anderer Menschen die gebürtige Beachtung zu schenken.

Natürliche Veranlagungen des *Inspektors*

- Die Quelle seiner Lebensenergie: seine innere Welt.
- Informationsaufnahme: Sinne.
- Art und Weise wie Entscheidungen getroffen werden: Verstand.
- Lebensstil: organisiert.

Ähnliche Persönlichkeitstypen

- *Praktiker*
- *Verwalter*
- *Animateur*

Statistische Angaben

- *Inspektoren* stellen ca. 6-10 % der Gesellschaft dar.
- Unter *Inspektoren* überwiegen Männer (60 %).
- Das Land, welches dem Profil des *Inspektors* entspricht, ist die Schweiz.

Buchstaben-Code

Der universelle Code des *Inspektors* ist in den Jungschen Persönlichkeitstypologien ISTJ.

Mehr:

Jarosław Jankowski
Ihr Persönlichkeitstyp: Inspektor (ISTJ)

Der Künstler (ISFP)

Lebensmotto: *Lasst uns etwas erschaffen!*

Sensibel, kreativ und originell. Sie haben ein Gefühl für Ästhetik und angeborene künstlerische Fähigkeiten. Unabhängig – *Künstler* agieren nach ihrem eigenen Wertesystem und ordnen sich keinerlei Druck von außen unter. Sie sind optimistisch und verfügen über eine positive Lebenseinstellung, weswegen sie jeden Augenblick genießen können.

Sie sind glücklich, wenn sie anderen helfen können. Abstrakte Theorien langweilen sie, denn *Künstler* ziehen es vor, die Realität zu erschaffen und nicht über sie zu sprechen. Es fällt ihnen jedoch weitaus leichter, neue Pläne zu realisieren, als bereits begonnene abzuschließen. Sie haben Schwierigkeiten, ihre eigenen Bedürfnisse und Wünsche zu äußern.

Natürliche Veranlagungen des *Künstlers*

- Die Quelle seiner Lebensenergie: seine innere Welt.
- Informationsaufnahme: Sinne.
- Art und Weise wie Entscheidungen getroffen werden: Herz.
- Lebensstil: spontan.

Ähnliche Persönlichkeitstypen

- *Betreuer*
- *Moderator*
- *Anwalt*

Statistische Angaben

- *Künstler* stellen ca. 6-9 % der Gesellschaft dar.
- Unter *Künstlern* überwiegen Frauen (60 %).
- Das Land, welches dem Profil des *Künstlers* entspricht, ist China.

Buchstaben-Code

Der universelle Code des *Künstlers* ist in den Jungschen Persönlichkeitstypologien ISFP.

Mehr:

Jarosław Jankowski
Ihr Persönlichkeitstyp: Künstler (ISFP)

Der Logiker (INTP)

Lebensmotto: *Man muss vor allem die Wahrheit über die Welt kennenlernen.*

Originell, einfallsreich und kreativ. *Logiker* mögen es, theoretische Probleme zu lösen. Sie sind analytisch, scharfsinnig und begegnen neuen Ideen mit Begeisterung. *Logiker* vermögen es, einzelne Phänomene zu verbinden und mithilfe von ihnen allgemeine Regeln und Theorien aufzustellen. Sie agieren logisch, präzise und tiefgründig. Unklare

Zusammenhänge und Inkonsequenzen werden von ihnen schnell erkannt.

Sie sind unabhängig und skeptisch gegenüber bereits vorliegenden Lösungen sowie Autoritäten. Zugleich sind sie tolerant und offen für neue Herausforderungen. Versunken in Gedanken verlieren sie ab und an den Kontakt zur Außenwelt.

Natürliche Veranlagungen des *Logikers*

- Die Quelle seiner Lebensenergie: seine innere Welt.
- Informationsaufnahme: Intuition.
- Art und Weise wie Entscheidungen getroffen werden: Verstand.
- Lebensstil: spontan.

Ähnliche Persönlichkeitstypen

- *Stratege*
- *Reformer*
- *Direktor*

Statistische Angaben

- *Logiker* stellen ca. 2-3 % der Gesellschaft dar.
- Unter *Logikern* überwiegen Männer (80 %).
- Das Land, welches dem Profil des *Logikers* entspricht, ist Indien.

Buchstaben-Code

Der universelle Code des *Logikers* ist in den Jungschen Persönlichkeitstypologien INTP.

Mehr:

Jarosław Jankowski
Ihr Persönlichkeitstyp: Logiker (INTP)

Der Mentor (INFJ)

Lebensmotto: *Die Welt könnte besser sein!*

Kreativ, sensibel, auf die Zukunft fixiert. *Mentoren* sehen Möglichkeiten, die andere Menschen nicht erkennen. Es sind Idealisten und Visionäre, die sich darauf konzentrieren, Menschen zu helfen. Pflichtbewusst und verantwortungsbewusst, zugleich auch höflich, fürsorglich und freundschaftlich. Sie versuchen, die Mechanismen der Weltordnung zu verstehen und betrachten Probleme aus einer breiten Perspektive.

Hervorragende Zuhörer und Beobachter. Sie zeichnen sich aus durch Empathie, Intuition und Vertrauen in Menschen. *Mentoren* sind imstande, Gefühle und Emotionen zu lesen, können wiederum aber nur schlecht Kritik annehmen und sich in Konfliktsituationen zurechtfinden. Andere können sie gelegentlich als enigmatisch empfinden.

Natürliche Veranlagungen des *Mentors*

- Die Quelle seiner Lebensenergie: seine innere Welt.
- Informationsaufnahme: Intuition.
- Art und Weise wie Entscheidungen getroffen werden: Herz.
- Lebensstil: organisiert.

Ähnliche Persönlichkeitstypen

- *Idealist*
- *Berater*
- *Enthusiast*

Statistische Angaben

- *Mentoren* stellen ca. 1 % der Gesellschaft dar und sind damit der seltenste Persönlichkeitstyp.
- Unter *Mentoren* überwiegen Frauen (80 %).
- Das Land, welches dem Profil des *Logikers* entspricht, ist Norwegen.

Buchstaben-Code

Der universelle Code des *Mentors* ist in den Jungschen Persönlichkeitstypologien INFJ.

Mehr:

Jarosław Jankowski
Ihr Persönlichkeitstyp: Mentor (INFJ)

Der Moderator (ESFP)

Lebensmotto: *Heute ist der richtige Zeitpunkt!*

Optimistisch, energisch und offen gegenüber Menschen. *Moderatoren* sind lebenslustig und haben gerne Spaß. Sie sind praktisch, zugleich aber auch flexibel und spontan. Sie mögen Veränderungen und neue Erfahrungen. Einsamkeit, Stagnation und Routine hingegen vertragen sie eher schlecht. *Moderatoren* mögen es, im Zentrum der Aufmerksamkeit zu stehen.

Sie verfügen über ein natürliches Schauspieltalent und über die Gabe, interessant und packend zu berichten. Indem sie sich auf das Hier und Jetzt konzentrieren verlieren sie manchmal langfristige Ziele aus den Augen. Sie neigen dazu, Konsequenzen ihres Handelns nicht richtig einschätzen zu können.

Natürliche Veranlagungen des *Moderators*

- Die Quelle seiner Lebensenergie: seine äußere Welt.
- Informationsaufnahme: Sinne.
- Art und Weise wie Entscheidungen getroffen werden: Herz.
- Lebensstil: spontan.

Ähnliche Persönlichkeitstypen

- *Anwalt*
- *Künstler*
- *Betreuer*

Statistische Angaben

- *Moderatoren* stellen ca. 8-13 % der Gesellschaft dar.
- Unter *Moderatoren* überwiegen Frauen (60 %).
- Das Land, welches dem Profil des *Moderators* entspricht, ist Brasilien.

Buchstaben-Code

Der universelle Code des *Moderators* ist in den Jungschen Persönlichkeitstypologien ESFP.

Mehr:

Jarosław Jankowski
Ihr Persönlichkeitstyp: Moderator (ESFP)

Der Praktiker (ISTP)

Lebensmotto: *Taten sind wichtiger als Worte.*

Optimistisch, spontan und mit einer positiven Lebenseinstellung. Beherrschte und unabhängige Menschen, die ihren eigenen Überzeugungen treu sind und äußeren Normen und Regeln skeptisch gegenüberstehen. *Praktiker* sind nicht an Theorien oder Überlegungen bzgl. der Zukunft interessiert. Sie ziehen es vor, konkrete und handfeste Probleme zu lösen.

Sie passen sich gut an neue Orte und Situationen an und mögen Herausforderungen und das Risiko. Ferner vermögen sie es, bei Gefahr einen kühlen Kopf zu behalten. Ihre Wortkargheit und extreme Zurückhaltung bei der Äußerung von Meinungen bewirken, dass sie für andere Menschen manchmal unverständlich erscheinen.

Natürliche Veranlagungen des *Praktikers*

- Die Quelle seiner Lebensenergie: seine innere Welt.
- Informationsaufnahme: Sinne.

- Art und Weise wie Entscheidungen getroffen werden: Verstand.
- Lebensstil: spontan.

Ähnliche Persönlichkeitstypen

- *Inspektor*
- *Animateur*
- *Verwalter*

Statistische Angaben

- *Praktiker* stellen ca. 6-9 % der Gesellschaft dar.
- Unter *Praktiker* überwiegen Männer (60 %).
- Das Land, welches dem Profil des *Praktikers* entspricht, ist Singapur.

Buchstaben-Code

Der universelle Code des *Praktikers* ist in den Jungschen Persönlichkeitstypologien ISTP.

Mehr:

Jarosław Jankowski
Ihr Persönlichkeitstyp: Praktiker (ISTP)

Der Reformer (ENTP)

Lebensmotto: *Und wenn man versuchen würde, es anders zu machen?*

Ideenreich, originell und unabhängig. *Reformer* sind Optimisten. Sie sind energisch und unternehmerisch. Wahrhaftige Tatmenschen, die gerne im

Zentrum des Geschehens sind und „unlösbare Probleme" lösen. Sie sind an der Welt interessiert, risikofreudig und ungeduldig. Visionäre, die offen für neue Ideen sind. Sie mögen neue Erfahrungen und Experimente. Ferner erkennen sie die Verbindungen zwischen einzelnen Ereignissen und sind mit ihren Gedanken in der Zukunft.

Spontan, kommunikativ und selbstsicher. *Reformer* neigen dazu, ihre eigenen Fähigkeiten zu überschätzen. Darüber hinaus haben sie Probleme damit, etwas zu Ende zu bringen.

Natürliche Veranlagungen des *Reformers*

- Die Quelle seiner Lebensenergie: seine äußere Welt.
- Informationsaufnahme: Intuition.
- Art und Weise wie Entscheidungen getroffen werden: Verstand.
- Lebensstil: spontan.

Ähnliche Persönlichkeitstypen

- *Direktor*
- *Logiker*
- *Stratege*

Statistische Angaben

- *Reformer* stellen ca. 3-5 % der Gesellschaft dar.
- Unter *Reformern* überwiegen Männer (70 %).
- Das Land, welches dem Profil des *Reformers* entspricht, ist Israel.

Buchstaben-Code

Der universelle Code des *Reformers* ist in den Jungschen Persönlichkeitstypologien ENTP.

Mehr:

Jarosław Jankowski
Ihr Persönlichkeitstyp: Reformer (ENTP)

Der Stratege (INTJ)

Lebensmotto: *Das lässt sich perfektionieren!*

Unabhängige, herausragende Individualisten, die über unglaublich viel Energie verfügen. Sie sind kreativ und einfallsreich. Von anderen werden sie als kompetente und selbstsichere Menschen angesehen, wenngleich sie distanziert und enigmatisch wirken. *Strategen* betrachten alle Angelegenheiten aus einer breiten Perspektive. Sie möchten ihre Umwelt perfektionieren und ordnen.

Strategen sind gut organisiert, verantwortungsbewusst, kritisch und anspruchsvoll. Es ist schwer, sie aus dem Gleichgewicht zu bringen. Zugleich ist es aber auch nicht einfach, sie völlig zufrieden zu stellen. Ihre Natur erschwert es ihnen, die Gefühle und Emotionen anderer Menschen zu erkennen.

Natürliche Veranlagungen des *Strategen*

- Die Quelle seiner Lebensenergie: seine innere Welt.
- Informationsaufnahme: Intuition.

- Art und Weise wie Entscheidungen getroffen werden: Verstand.
- Lebensstil: organisiert.

Ähnliche Persönlichkeitstypen

- *Logiker*
- *Direktor*
- *Reformer*

Statistische Angaben

- *Strategen* stellen ca. 1-2 % der Gesellschaft dar.
- Unter *Strategen* überwiegen Männer (80 %).
- Das Land, welches dem Profil des *Strategen* entspricht, ist Finnland.

Buchstaben-Code

Der universelle Code des *Strategen* ist in den Jungschen Persönlichkeitstypologien INTJ.

Mehr:

Jarosław Jankowski
Ihr Persönlichkeitstyp: Stratege (INTJ)

Der Verwalter (ESTJ)

Lebensmotto: *Erledigen wir diese Aufgabe!*

Fleißig, verantwortungsbewusst und überaus loyal. Energisch und entschieden. Sie schätzen Ordnung, Stabilität, Sicherheit und klare Regeln. *Verwalter* sind sachlich und konkret. Sie sind logisch, rational und praktisch. Sie vermögen es, sich eine große Menge detaillierter Informationen anzueignen.

Hervorragende Organisatoren, die Ineffizienz, Verschwendung und Faulheit nicht dulden. Sie sind ihren Überzeugungen treu und aufgeschlossen gegenüber anderen Menschen. Sie legen ihre Meinung entschieden dar und üben offen Kritik aus, weswegen sie manchmal ungewollt andere Menschen verletzen.

Natürliche Veranlagungen des *Verwalters*

- Die Quelle seiner Lebensenergie: seine äußere Welt.
- Informationsaufnahme: Sinne.
- Art und Weise wie Entscheidungen getroffen werden: Verstand.
- Lebensstil: organisiert.

Ähnliche Persönlichkeitstypen

- *Animateur*
- *Inspektor*
- *Praktiker*

Statistische Angaben

- *Verwalter* stellen ca. 10-13 % der Gesellschaft dar.
- Unter *Verwaltern* überwiegen Männer (60 %).
- Das Land, welches dem Profil des *Verwalters* entspricht, sind die USA.

Buchstaben-Code

Der universelle Code des *Verwalters* ist in den Jungschen Persönlichkeitstypologien ESTJ.

Mehr:

Jarosław Jankowski
Ihr Persönlichkeitstyp: Verwalter (ESTJ)

Anhang

Die vier natürlichen Veranlagungen

1. Dominierende Quelle der Lebensenergie

   o ÄUSSERE WELT
     Menschen, die ihre Energie aus der
     Umwelt schöpfen, die Aktivitäten und
     Kontakt mit anderen Menschen benö-
     tigen. Sie vertragen längere Einsam-
     keit nur schlecht.

   o INNERE WELT
     Menschen, die ihre Energie aus ihrem
     Innern schöpfen, die Ruhe und Ein-
     samkeit brauchen. Sie fühlen sich er-
     schöpft, wenn sie längere Zeit mit an-
     deren Menschen verbringen.

2. Dominierende Art, Informationen aufzunehmen

   o SINNE
      Menschen, die auf ihre fünf Sinne
      vertrauen. Sie glauben an Fakten und
      Beweise und mögen erprobte Metho-
      den sowie praktische und konkrete
      Aufgaben. Sie sind Realisten, die sich
      auf ihre Erfahrung stützen.

   o INTUITION
      Menschen, die auf ihren sechsten Sinn
      vertrauen. Sie lassen sich durch Vor-
      ahnungen leiten und mögen innova-
      tive Lösungen sowie Probleme theo-
      retischer Natur. Sie zeichnen sich
      durch eine kreative Herangehensweise
      sowie die Fähigkeit aus, Dinge vor-
      herzusehen.

3. Dominierende Art, Entscheidungen zu treffen

   o VERSTAND
      Menschen, die sich nach ihrer Logik
      und objektiven Regeln richten. Sie
      sind kritisch und direkt, wenn sie ihre
      Meinung äußern.

   o HERZ
      Menschen, die sich nach ihren Emp-
      findungen und Werten richten. Sie

streben nach Harmonie und Einverständnis mit anderen.

4. Dominierender Lebensstil

o ORGANISIERT
Menschen, die pflichtbewusst und organisiert sind. Sie schätzen Ordnung und mögen es, nach Plan zu handeln.

o SPONTAN
Flexible Menschen, die ihre Freiheit schätzen. Sie erfreuen sich des Augenblicks und finden sich gut in neuen Situationen zurecht.

Geschätzter Anteil der einzelnen Persönlichkeitstypen an der Bevölkerung (in %)

Persönlichkeitstyp	Anteil
Animateur (ESTP):	6 – 10 %
Anwalt (ESFJ):	10 – 13 %
Berater (ENFJ):	3 – 5 %
Betreuer (ISFJ):	8 – 12 %
Direktor (ENTJ):	2 – 5 %
Enthusiast (ENFP):	5 – 8 %
Idealist (INFP):	1 – 4 %
Inspektor (ISTJ):	6 – 10 %
Künstler (ISFP):	6 – 9 %
Logiker (INTP):	2 – 3 %
Mentor (INFJ):	ca. 1 %

Moderator (ESFP):   8 – 13 %
Praktiker (ISTP):   6 – 9 %
Reformer (ENTP):   3 – 5 %
Stratege (INTJ):   1 – 2 %
Verwalter (ESTJ):   10 – 13 %

Geschätztes prozentuales Verhältnis von Frauen und Männern je nach Persönlichkeitstyp

Persönlichkeitstyp	Frauen/Männer
Animateur (ESTP):	40 % / 60 %
Anwalt (ESFJ):	70 % / 30 %
Berater (ENFJ):	80 % / 20 %
Betreuer (ISFJ):	70 % / 30 %
Direktor (ENTJ):	30 % / 70 %
Enthusiast (ENFP):	60 % / 40 %
Idealist (INFP):	60 % / 40 %
Inspektor (ISTJ):	40 % / 60 %
Künstler (ISFP):	60 % / 40 %
Logiker (INTP):	20 % / 80 %
Mentor (INFJ):	80 % / 20 %
Moderator (ESFP):	60 % / 40 %
Praktiker (ISTP):	40 % / 60 %
Reformer (ENTP):	30 % / 70 %
Stratege (INTJ):	20 % / 80 %
Verwalter (ESTJ):	40 % / 60 %

Literaturverzeichnis

- Arraj, J. (1990): *Tracking the Elusive Human, Volume 2: An Advanced Guide to the Typological Worlds of C. G. Jung, W.H. Sheldon, Their Integration, and the Biochemical Typology of the Future*. Midland, OR: Inner Growth Books.

- Arraj, J. / Arraj, T. (1988): *Tracking the Elusive Human, Volume 1: A Practical Guide to C.G. Jung's Psychological Types, W.H. Sheldon's Body and Temperament Types and Their Integration*. Chiloquin, OR: Inner Growth Books.

- Berens, L. V. / Cooper, S. A. / Ernst, L. K. / Martin, C. R. / Myers, S. / Nardi, D. / Pearman, R. R./Segal, M./Smith, M. A. (2002): *Quick Guide to the 16 Personality Types in Organizations: Understanding Personality Differences in the Workplace*. Fountain Valley, CA: Telos Publications.

- Geier, J. G./Downey, D. E. (1989): *Energetics of Personality*: Success Through Quality

Action. Minneapolis, MN: Aristos Publishing House.

- Hunsaker, P. L. / Alessandra, T. (1986): *The Art of Managing People*. New York, NY: Simon and Schuster.

- Jung, C. G. (1995): *Psychologische Typen*. Ostfildern: Patmos Verlag.

- Kise, J. A. G. / Krebs Hirsh, S. / Stark, D. (2005): *LifeKeys: Discover Who You Are*. Bloomington, MN: Bethany House.

- Kroeger, O. / Thuesen, J. M. (1988): *Type Talk or How to Determine Your Personality Type and Change Your Life*. New York, NY: Delacorte Press.

- Lawrence, G. D. (1997): *Looking at Type and Learning Styles*. Gainesville, FL: Center for Applications of Psychological Type.

- Lawrence, G. D. (1993): *People Types and Tiger Stripes*. Gainesville, FL: Center for Applications of Psychological Type.

- Maddi, S. R. (2001): *Personality Theories: A Comparative Analysis*. Long Grove, IL: Waveland Press.

- Martin, C. R. (2001): *Looking at Type: The Fundamentals Using Psychological Type To Understand and Appreciate Ourselves and Others*. Gainesville, FL: Center for Applications of Psychological Type.

- Meier, C. A. (1986): *Persönlichkeit: Der Individuationsprozess im Lichte der Typologie C. G. Jungs*. Einsiedeln: Daimon.

- Pearman, R. R. / Albritton, S. C. (2010): *I'm Not Crazy, I'm Just Not You: The Real Meaning of the Sixteen Personality Types*. Boston, MA: Nicholas Brealey Publishing.

- Segal,M. (2001): *Creativity and Personality Type: Tools for Understanding and Inspiring the Many Voices of Creativity*. Fountain Valley, CA: Telos Publications.

- Sharp, D. (1987): *Personality Type: Jung's Model of Typology*. Toronto: Inner City Books.

- Spoto, A. (1995): *Jung's Typology in Perspective*. Asheville, NC: Chiron Publications.

- Tannen, D. (1990): *You Just Don't Understand: Women and Men in Conversation*. New York, NY: William Morrow and Company.

- Thomas, J. C. / Segal, D. L. (2005): *Comprehensive Handbook of Personality and Psychopathology, Personality and Everyday Functioning*. Hoboken, NJ: Wiley.

- Thomson, L. (1998): *Personality Type: An Owner's Manual*. Boston, MA: Shambhala.

- Tieger, P. D./Barron-Tieger, B. (2000): *Just Your Type: Create the Relationship You've Always Wanted Using the Secrets of Personality Type*. New York, NY: Little, Brown and Company.

- Von Franz, M.-L. / Hillman, J. (1971): *Lectures on Jung's Typology*. New York, NY: Continuum International Publishing Group.